Roboter im Film

Die populärsten Roboter, Androiden und Vertreter von künstlicher Intelligenz der Film- und Fernsehgeschichte

Herausgeber: Norman Hall

Norman Hall, Hrsg.: Roboter im Film

Die populärsten Roboter, Androiden und Vertreter von künstlicher Intelligenz der Film-
und Fernsehgeschichte

Herstellung und Verlag: Books on Demand GmbH, Norderstedt

Bibliografische Information der Deutschen Nationalbibliothek
*Die Deutsche Nationalbibliothek verzeichnet diese Publikation in der Deutschen
Nationalbibliografie; detaillierte bibliografische Daten sind im Internet über
http://dnb.d-nb.de abrufbar.*

ISBN-13: 978 3 8448 1080 6

1)

Ein Roboter darf kein menschliches Wesen verletzen oder durch Untätigkeit gestatten, dass einem menschlichen Wesen Schaden zugefügt wird.

2)

Ein Roboter muss den ihm von einem Menschen gegebenen Befehlen gehorchen – es sei denn, ein solcher Befehl würde mit Regel eins kollidieren.

3)

Ein Roboter muss seine Existenz beschützen, so lange dieser Schutz nicht mit Regel eins oder zwei kollidiert.

Isaac Asimov „Die drei Gesetze der Robotik"

Robtos - die populärsten Roboter der Filmgeschichte

Eine Übersicht der markantesten und wichtigsten Roboter, Computer und belebten Maschinen aus über 100 Kinofilmen und Fernsehserien der letzte 100 Jahre!

Der Begriff Roboter wurde von Josef und Karel Capek Anfang des 20. Jahrhunderts durch die Science-Fiction-Literatur geprägt (tschechisch: robot). Der Ursprung liegt im slawischen Wort robota, welches mit Arbeit, Fronarbeit oder Zwangsarbeit übersetzt werden kann.

1921 beschrieb Karel Capek in seinem Theaterstück R.U.R. in Tanks gezüchtete menschenähnliche künstliche Arbeiter. Mit seinem Werk greift Capek das klassische Motiv des Golems auf, einem künstlichen Menschen aus Lehm, zum Leben erweckt. Der Golem soll laut alten jüdischen Legenden Unheil abwenden. Heute würde man Capeks Kunstgeschöpfe als Androiden bezeichnen.

Vor der Prägung dieses Begriffes wurden Roboter zum Beispiel in den Werken von Stanislaw Lem als Automaten oder Halbautomaten bezeichnet.

Durch die Erzählungen Isaac Asimovs wurde der Begriff Roboter einem größeren Publikum bekannt. 1942 beschrieb er in „Runaround" zum ersten Mal die drei Robotergesetze, die auch heute noch häufig in der Science-Fiction-Literatur rezitiert werden.

1950 veröffentlicht er mit „Ich, der Robot" eine Sammlung von Kurzgeschichten zu diesem Thema. Auch später beschäftigt sich Asimov immer wieder mit dem Thema Roboter.

Die Unterscheidung zwischen Androiden und anderen humanoiden Robotern geschieht am besten durch die Betrachtung des Uncanny-Valley-Phänomens. Dabei wird die Sympathie gemessen, die ein menschlicher Beobachter Robotern entgegenbringt, die einem Menschen mehr oder weniger ähnlich sind.

Ist ein (humanoider) Roboter deutlich als solcher zu erkennen und weist er menschliche Eigenschaften auf, wird dies als angenehm und positiv empfunden.

Nimmt die Menschenähnlichkeit zu, dann beginnt der Beobachter, die vermeintlichen Defizite nach tatsächlichen menschlichen Maßstäben zu beurteilen und die Sympathie nimmt schlagartig ab.

Erst mit stark zunehmender Menschenähnlichkeit und wachsender Perfektion nimmt die Sympathie wieder zu. In diesem Bereich hoher Menschenähnlichkeit spricht man von Androiden.

Die Ur-Roboter der Filmgeschichte

Der älteste Roboter der Filmgeschichte heißt **"Q - der Automaton"**. Im 1919 erschienenen Episoden-Film "The Master Mystery" mit dem Zirkuskünstler Harry Houdini als Geheimagent im Kampf gegen den wissenschaftlichen Fortschritt wurde erstmals ein Roboter im Film gezeigt. Die Serie floppt, trotz weltberühmter Besetzung, aber die Roboter haben seither ihren festen Platz im Filmgeschäft.

Der 1921 veröffentlichte italienische Film **"L'uomo meccanico"** von André Deed handelte von Ganoven, die einen ferngesteuerten Roboter in ihre Gewalt bringen, um mit seiner Hilfe Verbrechen zu begehen.

Zu den bekanntesten Roboterdarstellungen der Stummfilmära gehört der weibliche Maschinenmensch in Fritz Langs **"Metropolis"** von 1927.

Der erste Roboter, der im Fernsehen auftrat, war I Tobor in der Science-Fiction-Serie **"Captain Video and His Video Rangers"** (ab 1949).

Bekannte Robotergestalten der 1950er Jahre sind der riesenhafte Wächter Gort aus dem Film **"Der Tag, an dem die Erde stillstand"** (1951) und der Roboter Robby aus **"Alarm im Weltall"** (1956). Robby war in der Folgezeit in einer ganzen Reihe von Filmen und Fernsehsendungen zu sehen und diente außerdem als Vorbild für viele Spielzeugroboter.

Die **Star-Wars-Saga** (1977–2005) zeigt mit R2D2 und C3PO Roboter in einer komödiantischen Rolle.

In der Serie **Star Trek – The Next Generation** (1987–1994) ist der Androide Data ein Führungsoffizier, der sich oft mit der Frage seiner eigenen Menschenähnlichkeit auseinandersetzt.

In **Nummer 5 lebt** entwickelt ein Militärroboter eine naive Persönlichkeit. Filme wie **Terminator** und **I, Robot** bieten weitere bekannte Beispiele für die Darstellung von Androiden und humanoiden Robotern, die den Menschen feindlich entgegentreten oder helfend zur Seite stehen.

Auch Industrieroboter (nicht-humanoide Roboter) finden den Weg auf die Leinwand. In Filmen wie James Bond - Stirb an einem anderen Tag, Thunderbirds, Tomb Raider – Die Wiege des Lebens und Sakrileg wurden KUKA-Industrieroboter in Szene gesetzt.

Der Dokumentarfilm Plug & Pray thematisiert die Auswirkungen des zunehmenden Einsatzes von Robotern auf das Selbstbild des Menschen. Er stellt Roboter wie den japanischen Geminoid von Hiroshi Ishiguro, den italienischen ICub oder das deutsche MuCar-3 vor.

Die Repliee Q1 ist ein Android mit Aussehen einer circa 35-jährigen Frau, entwickelt von japanischen Wissenschaftlern und hergestellt von Kokoro, einem Tochterunternehmen von Sanrio. Ihr Erfinder ist der Wissenschaftler Hiroshi Ishiguro von der Universität Osaka.

Best of

Schon „The Times of London" hat die 50 besten Roboter der Filmgeschichte gekürt. Neben bekannteren Vertretern, wie den "Sentinels" aus Matrix, "Optimus Prime" (Transformers) oder "K.I.T.T." (Knight Rider) wurden hier auch weniger populäre "Blechmänner" bewertet.

Wer käme auch sonst schon auf die "Giant Nazi Robots " aus „Sky Captain and the World of Tomorow" oder "Maria" aus dem deutschen Stummfilm-Klassiker „Metropolis" von 1927.

Gewählt wurde hier anhand von vier Kategorien:

Glaubwürdigkeit (Plausibility): Wie wahrscheinlich ist es, dass die verwendete Technologie Einzug in unseren Alltag hält?

Coolness: Hier zählt vor allem das Design des Roboters und dessen Ausstattung/Möglichkeiten.

Gefährlichkeit: (Dangerousness): Nicht nur das Waffenarsenal zählt, sondern auch, inwieweit der Roboter dieses gegen andere einsetzen würde.

Comedy: (Comedy Value): Welchen Unterhaltungswert bietet der Roboter beziehungsweise versteht es, den Film für den Zuschauer etwas "aufzulockern"?

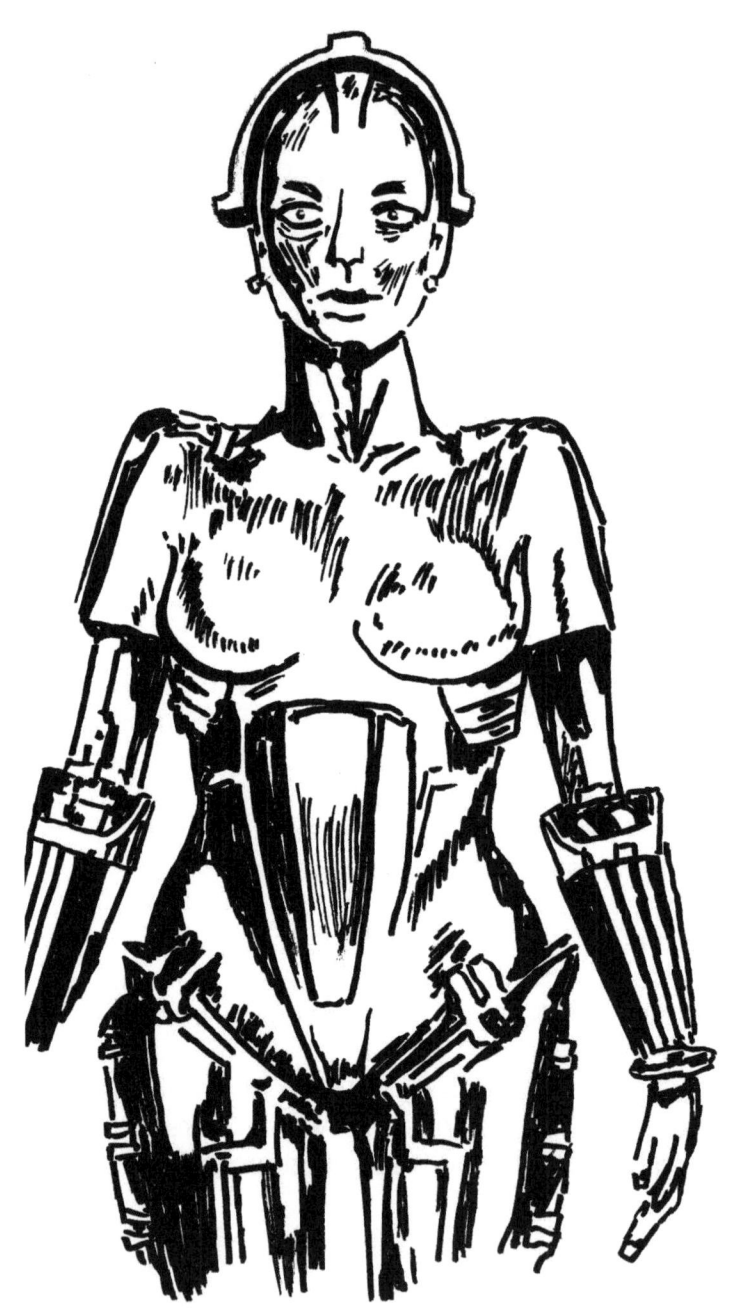

Die populärsten Roboter

Auch andere Listen zu den populärsten Robotern der Filmgeschichte existieren. Nicht alle umfassen die gesamte Bandbreite.

Hier also eine möglichst umfangreiche Aufstellung von Robots, Androiden, Droiden, Computern und Kampfmaschinen:

Maria – die Roboter-Frau

(Metropolis; 1927)

Der berühmte Stummfilm „Metropolis" des deutschen Regisseurs Fritz Lang gilt als Meisterwerk. Mit der lasziven Roboter-Frau Maria betrat zum ersten Mal ein Roboter als Maschinen-Mensch die Kinoleinwand. Diese femme fatale soll die Arbeiter zum Aufstand anstacheln, sodass dieser dann gewaltsam niedergeschlagen werden kann.

Maria: ein „Maschinenmensch"; ein stählern, glänzender Roboter mit weiblichen Geschlechtsmerkmalen, also nicht nur Roboter sondern auch ein Androide.

Das mattgoldene Roboter-Wesen war Vorbild für zahlreiche spätere Roboter, etwa C-3PO im Film „Star Wars".

Gort

(The Day The Earth Stood Still / Der Tag, an dem die Erde stillstand; 1951)

Die Welt erholte sich gerade von den Schrecken des Zweiten Weltkriegs, da verbreitete der hünenhafte Roboter Gort in dem Film „Der Tag, an dem die Erde stillstand" Angst und Schrecken mit seinem Strahlenblick.

Gort ist atombetrieben, er ist unangreifbar und aktiviert sich automatisch, sobald er einer Aggression ausgesetzt ist.

Sein außerirdischer Herr „Klaatu" verfolgte allerdings sehr menschenfreundliche Ziele auf der Erde: Er wollte die Menschen vor der Zerstörung ihrer Umwelt warnen, und muss am Ende von Gort wieder belebt werden.

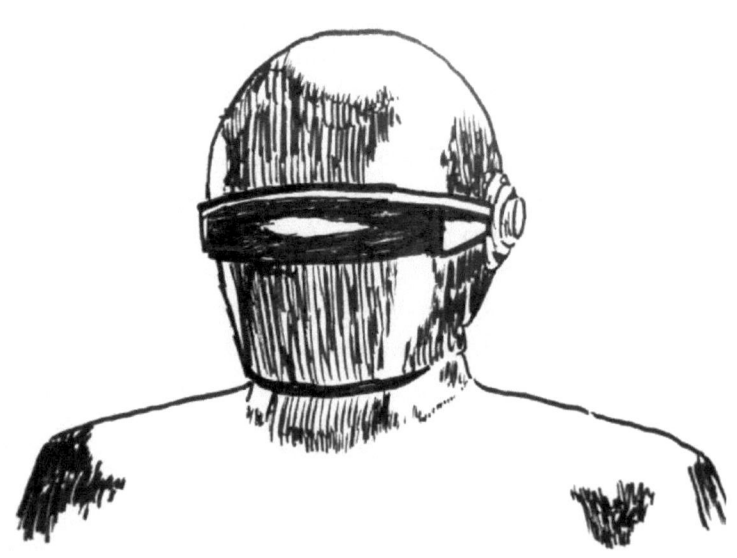

Robbie the Robot

(Forbidden Planet / Alarm im Weltall; 1956)

Kaum ein anderer Roboter wurde so populär wie Robby aus dem Science-Fiction-Klassiker „Alarm im Weltall" – und das, obwohl der an ein Michelinmännchen erinnernde Blechkamerad oft nur leblos im Abseits stand.

"Robby" führt ein fast idyllisches Leben auf dem Planeten Altair-4. Erst nach und nach erfahren die Zuschauer, dass er nach der Anleitung einer hoch zivilisierten und technisch begabten Kultur gebaut wurde, die aber ausgestorben ist. Robby war der erste lebensgroße Roboter der Filmgeschichte.

Der Film nutzt Asimovs Gesetze der Robotik für eine Schlüsselszene: Beim Angriff des Monsters auf die Villa von Morbius wird Robby instruiert, die Bewohner gegen das Wesen zu verteidigen. Der Roboter bleibt allerdings handlungsunfähig, da er das Monster als eine Manifestation von Morbius erkennt und deshalb nicht angreift, stattdessen erleidet er einen „Kurzschluss".

Später avancierte er hiermit zu einem der größten nicht-menschlichen Science-Fiction-Stars der Filmgeschichte.

Astro Boy – der kleine Superheld

(Tetsuwan Atomu / Astro Boy; 1962)

Der erste japanische Roboter war – wie könnte es anders sein – eine Manga-Comicfigur.

Erschaffen vom Wissenschaftler „Doctor Tenma" als Ersatz für seinen tragisch verstorbenen Sohn muss der fliegende Roboter-Junge allerhand Abenteuer bestehen, zum Beispiel ein Zusammentreffen mit finsteren Gladiatoren-Robotern.

Die erste Verfilmung des Mangas war die erste längere Anime-Fernsehserie und die erste mit fortgesetzter Handlung. Astro Boy wurde ab 1964 in den USA bei NBC ausgestrahlt und war damit die erste außerhalb Japans gesendete Anime-Serie. Die Serie war einst ein Höhepunkt des frühen Zeichentricks. Astro Boy wurde 2004 in die Robot Hall of Fame aufgenommen.

Am 10. Oktober 2009 kam ein Computeranimationsfilm in die Kinos. Die Handlung unterscheidet sich in einigen Details von der Manga-Vorlage.

Rosie - das Zimmermädchen

(The Jetsons; 1962)

Rosie, die gute Seele des Jetsons-Haushalts, war der Haushaltsroboter aus der TV-Zeichentrick-Serie „Die Jetsons".

Sie ist ein veraltetes Model, doch die Jetsons haben sie so gern, dass sie sie niemals gegen ein neueres Model austauschen würden.

„Die Jetsons" waren in den 70ern eine sehr erfolgreiche Trickfilmserie von Hanna & Barbera, die auch die „Familie Feuerstein" erfanden.

Arbeitsroboter der Alpha CE/FE-Serie

(Raumpatrouille / Die phantastischen Abenteuer des
Raumschiffes Orion; 1966)

Die erste deutsche Science Fiction Serie; heute mit
Kultstatus. Die Roboter der Apha CE/FE Serie sind
Arbeitsmaschinen, die in Bergwerken eingesetzt werden.

In der Folge "Hüter des Gesetzes" werden die bis heute
gültigen Robotergesetze von Isaac Asimov vorgestellt.

Der rechte Arm war ein normaler Eisportionierer, und der
linke war ein Teil einer Geburtszange. Es gab insgesamt
nur zwei „originalgroße" Robotermodelle, die an dünnen
Wolframfäden aufgehängt „schwebten".

HAL9000 - das Superhirn

(2001, A Space Odyssey / 2001: Odyssee im Weltraum; 1968)

HAL 9000 ist der fiktionale Computer des Raumschiffs Discovery; HAL steht für "Heuristic ALgorithmic".

Das selbstbewusste Superhirn mit dem durchdringenden, roten Kamera-Auge nährte damals Ängste vor der Gefahr künstlicher Intelligenz. Der allgegenwärtige Bordcomputer zeigt auf der Reise zum Planeten Jupiter seine neurotische Seite. Seine größte Angst besteht darin, dass er abgeschaltet werden könnte.

Als er herausfindet, dass ihn die Besatzung abschalten will, versucht er diese selbst auszuschalten. Er tötet die Besatzungsmitglieder, die sich im Kälteschlaf befinden, und einen der beiden wachhabenden Astronauten, während dieser einen angeblichen Defekt an der Außenseite des Raumschiffs zu reparieren versucht.

Entsprechend entpuppt sich „Hal 9000" als der eigentliche Widersacher, auch wenn er im ganzen Film nur als rotes Kameraauge zu sehen ist.

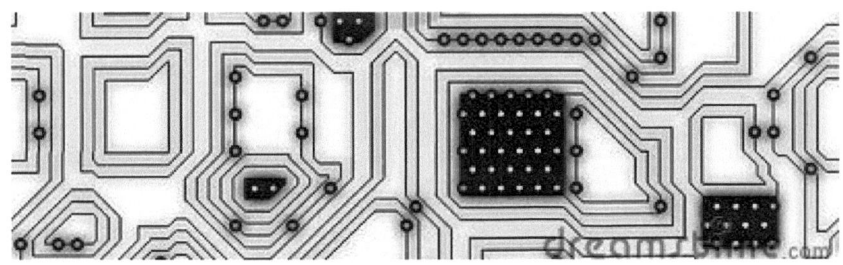

prügelnde Roboterpolizisten

(THX 1138; 1971)

Tagsüber arbeitet THX in einer staatlich geleiteten Fabrik, er stellt Polizistenroboter her, die für Ruhe und Ordnung sorgen.

Das abendliche Vergnügen von THX 1138 und seiner zugewiesenen Mitbewohnerin LUH 3417 besteht darin, sich in ihrer Wohneinheit Videohologramme anzuschauen.

Die Sendungen zeigen Roboterpolizisten, die einen am Boden liegenden Mitbürger verprügeln oder aufreizende Nackttänzerinnen.

Dewey – der einsame Gärtner

(Silent Running - Lautlos im Weltall 1972)

Dewey (Nummer 1) war einer von drei Robotern an Bord des Raumschiffs „Valley Forge" im Science-Fiction-Film „Lautlos im Weltall". Die anderen beiden waren Huey (Nummer 2) und Louie (Nummer 3). Sie tragen im Original die Namen von Donald Ducks Neffen.

Gefüttert mit umfassendem botanischem Wissen, half er dem Astronauten Lowell bei der Pflege der Pflanzen und Wälder, die in einer Art galaktischem Gewächshaus von der Erde gerettet wurden, nachdem dort die gesamte Natur zerstört wurde.

Am Ende des Films treibt Dewey in einem riesigen Gewächshaus alleine durchs Weltall.

Robbie – klick -

(Robbi, Tobbi und das Fliewatüüt; 1972)

Tobias Findteisen, genannt Tobbi, besucht die dritte Klasse der Volksschule und ist Erfinder des Fliewatüüts, eines universalen Fortbewegungsmittels.

Der Pilot heißt ROB 344–66/IIIa, wird aber aus verständlichen Gründen Robbi genannt. Der freundliche Blechkasten geht in die 3. Roboterklasse und hat das Fliewatüüt nach Tobbis Plänen, die er heimlich abgelichtet hat, für seine Roboterprüfung gebaut.

Haus-Roboter – die perfekte Tarnung

(Sleeper / Der Schläfer; 1973)

Miles Monroe erwacht nach 200-jährigem Schlaf in einer totalitären Zukunftsgesellschaft.

Gejagt von den Schergen der Regierung flieht er ins Haus der attraktiven Luna. Da sie gerade einen neuen Hausroboter braucht, tarnt sich Miles auf diese Weise.

Alle niederen Dienstleistungen haben die Haus-Roboter in Angriff genommen.

Im Laufe seiner häuslichen Tätigkeit verliebt er sich in Luna und will sie für die Sache der Widerstandskämpfer gewinnen.

The Gunslinger

(Westworld; 1973)

Yul Brunner übernahm die Rolle des mechanischen Revolverhelden, der in einem hypermodernen und tödlichen Vergnügungspark Amok läuft.

Ein metallener Revolverheld, der in Folge einer Computerpanne wahllos jagt auf die Besucher eines futuristischen Freizeitparks macht. Viele der Gäste kommen dadurch zu Tode und der Revolverheld-Androide bricht auf, um sich entsprechend seiner Programmierung an seinem letzten Duell-Gegner zu rächen.

Bomb 20

(Dark Star / Dark Star – Finsterer Stern; 1974)

Beim Passieren eines Asteroidenfelds wird der „Kommunikationslaser 17" beschädigt, wodurch die Bombendecksysteme mehrfach fälschlicherweise aktiviert und die intelligente Bombe Nummer 20 ausgefahren wird.

Diese verweigert beharrlich Doolittles Befehl, sich zu entschärfen.

Angeregt durch den philosophischen Exkurs kommt Bombe 20 zu dem Schluss, dass sie wohl allein im Universum sei. Sie zitiert die biblische Genesis und explodiert mit den Worten „Es werde Licht!".

Claire Wellington

(The Stepford Wives / Die Frauen von Stepford; 1975)

Sie gehen brav und ohne zu murren ihrer Hausarbeit nach - sie waschen, putzen und bringen jeden Abend pünktlich eine Mahlzeit auf den Tisch. Leider gibt es solche Frauen nicht gerade wie Sand am Meer. Deshalb haben die Männer von Stepford ihre Frauen kurzerhand durch ebenso wohlerzogene wie in jeder Hinsicht willige Roboter ersetzt.

Der Film sorgte nicht zuletzt in der Frauenbewegung für Aufsehen, denn er prangerte charakterschwache Männer an, die sich als Ehefrauen willenlose Puppen wünschen.

Box - tiefgefrorene Läufer

(Logan's Run / Flucht ins 23. Jahrhundert; 1976)

BOX ist ein Tiefkühlroboter, der in einer Art Eishöhle eingesetzt wird und Nahrungsmittel aller Art für die Menschen haltbar macht. Seine Programmierung sieht vor, alles Lebendinge umgehend einzufrieren - leider auch Menschen, die seinen Weg kreuzen.

C-3PO und R2-D2

(Star Wars - Krieg der Sterne; 1977)

R2-D2 und C-3PO heißen die wohl berühmtesten Roboter der Filmgeschichte. Das so unzertrennliche wie ungleiche Roboterpaar aus der „Star Wars"-Saga von George Lucas hat wesentlich zur Beliebtheit von Roboterwesen beigetragen.

C-3PO, ein "Class 3 Protocol Droid", wurde vom jungen Anakin Skywalker aus Einzelteilen zusammengebaut. Wie bei allen Protokolldroiden seines Modells wurde seine Außenhaut aus glänzendem Metall dem Körperbau eines Menschen nachempfunden.
C-3PO war – im Gegensatz zum mutigen R2-D2 – der typische Antiheld.

R2-D2 ist ein Astromech-Droide, der wie ein Mechaniker Raumschiffe reparieren konnte. Astromech-Droiden hatten viele Funktionen und wurden unter anderem auf Raumjägern eingesetzt, um diese zu steuern oder Kleinigkeiten im Flug zu reparieren. Übersetzt wird seine Sprache oft von seinem unzertrennlichen Freund C-3PO. Ist R2-D2 in einem Raumschiff als Helfer eingesetzt, übersetzt der Bordcomputer die Sprache für den Piloten.

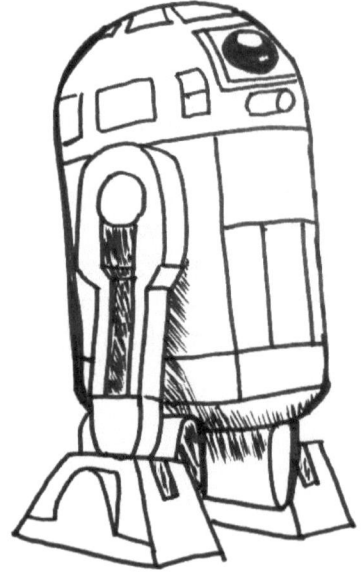

Zylonen – das rote Auge

(Battlestar Galactica / Kampfstern Galactica; 1978)

Die Zylonen sind Kampfmaschinen und gehören zu einer Roboter-Rasse, die sich selbst vermehren kann. Ihre Aufgabe besteht darin, alle Menschen im Universum aufzuspüren und zu eliminieren.

Die Gesellschaft der Zylonen besitzt eine streng hierarchische Struktur. Hierarchisch unterscheiden sich die einfachen Zylonen („Zenturio") mit einem Gehirn von den zweigehirnigen Offizieren und schließlich dem Erhabenen Führer mit drei Gehirnen. Dazwischen gibt es auch noch die Zylonen der IL-Serie, die sich von den Zenturien optisch deutlich unterscheiden. Sie tragen ein Cape, haben zwei Augen und einen durchsichtigen, oben spitz zulaufenden Kopf.

Grag & Otho

(Kyaputen Fyūchā / Captain Future; 1978)

Captain Future ist ursprünglich eine US-Comic-Serie, die von 1940 bis 1944 erschien. Sie wurde in Europa vor allem durch die Anime-Serie bekannt, die Anfang der 1980er Jahre im Fernsehen ausgestrahlt wurde.

Grag, der Roboter, stellt die erste Schöpfung von Captain Futures Eltern dar. Ursprünglich wurde er als kräftig, aber nur von beschränkter Intelligenz beschrieben. In der Fernsehserie jedoch verfügt er über beträchtliche wissenschaftliche Kenntnisse und spielt die Rolle des technischen Praktikers.

Otho (in der deutschen Zeichentrickfassung: *Otto*) ist ein Androide, der sein Erscheinungsbild fast beliebig ändern kann.

Twiki – die kleine goldene Drone

(Buck Rogers in the 25th Century / Buck Rogers; 1979)

Der Astronaut Captain William ‚Buck' Rogers wird bei einem Unfall mit seinem Shuttle Ranger 3 eingefroren. 500 Jahre treibt er im All, bis er im Jahr 2491 von einem Raumschiff des Dracon-Imperiums aufgefangen und aufgetaut wird.

Begleitet wird Buck Rogers stets von seiner persönlichen Drone Twiki. Twiki mit der Modellnummer 22-23-T trägt meist Dr. Theopolis umher, eine Art Computer in einem runden Korpus von hoher Intelligenz. Sein Markenzeichen war ein "bidi-bidi-bidi" Tonsignal und die Tatsache, dass es sich um den ersten Roboter mit einer Frisur handelte.

Ash – „ist ein gottverdammter Roboter!"

(Alien / Alien - Das unheimliche Wesen aus einer fremden Welt; 1979)

Ash, der Wissenschaftsoffizier der Nostromo, ist eine Schlüsselfigur. Der Android hat vom Konzern den geheimen Auftrag einprogrammiert bekommen, das extraterrestrische Wesen zur Erde zu bringen, wo es für genetische und militärische Experimente verwendet werden soll – auch wenn dies der gesamten Crew das Leben kostet. Dabei gerät ihm Ripley in den Weg.

Mother

(Alien / Alien - Das unheimliche Wesen aus einer fremden Welt; 1979)

Der Name „Mutter" für den Bordcomputer leitet sich von seiner Bezeichnung MU/TH/UR 182 (Mother) ab.

Wie Ripley vom Hauptcomputer „Mutter" erfährt, war der Abstecher zu dem Planeten beabsichtigt. Laut Ash und den verschlüsselten Daten des Hauptcomputers sei die Crew ersetzbar.

```
PRIORITY ONE
INSURE RETURN OF ORGANISM
FOR ANALYSIS.
ALL OTHER CONSIDERATIONS SECUNDARY.
CREW EXPENDABLE.
```

MAX

(The Black Hole / Das schwarze Loch; 1979)

An Bord der Cygnus wird die Crew der Palomino von Dr. Hans Reinhardt empfangen. Außer ihm sind auf den ersten Blick nur Roboter an Bord: Metallene Wach- und Kampfroboter und wie Mönche anmutende, stumme Arbeitsroboter mit schwarzen Kutten, Kapuzen und Spiegelflächen anstelle eines Gesichts; außerdem Max, Reinhardts neuester und überlegener Prototyp „Maximillian", ein rotes Roboter-Monster aus Stahl. Der bösartige Kampfkoloss Maximilian, verbreitet jede Menge Angst und Schrecken.

VINCENT

(The Black Hole / Das schwarze Loch; 1979)

Der Roboter V.I.N.CENT. L.F.396 (Vital Information Necessary Centralized Labor Force 396) dient als eine Art Bordcomputer des Forschungsschiffes USS Palomino, kann aber menschliche Emotionen simulieren, was den Umgang mit ihm sehr erleichtert.

BOB

(The Black Hole / Das schwarze Loch; 1979)

An Bord des vermisste Raumschiff USS Cygnus findet der Roboter VINCENT nach kleineren Streifzügen durch das riesige Schiff einen alten, heruntergekommenen Roboter, genannt B.O.B. L.F.28 (Bio sanitation Battalion Labor Force 28), kurz BOB, der ihm von den schrecklichen Machenschaften des Dr. Reinhardt berichtet.

V'ger - Lieutenant Ilia

(Star Trek: The Motion Picture / Star Trek: Der Film; 1979)

Inmitten einer Wolke, die schon bald die Erde erreicht, findet die Mannschaft der Enterprise „V'ger", eigentlich „Voyager 6", eine von der NASA im 20. Jahrhundert gestartete Sonde, deren primäres Ziel es war, alles Wissen des Universums zu sammeln. Auf ihrem Weg ist sie zu einer Maschinenzivilisation gelangt, die den Auftrag der Voyager-Sonde wörtlich nahm und mit ihrer Technik Voyager zu dem weiterentwickelte, was V'ger darstellt. V'ger hatte ihre Reise fortgesetzt, bald alles Erlernbare gelernt und sich deshalb auf den Weg zurück zur Erde begeben, um das gesammelte Wissen dem Menschen als ihrem Schöpfer zu überbringen.

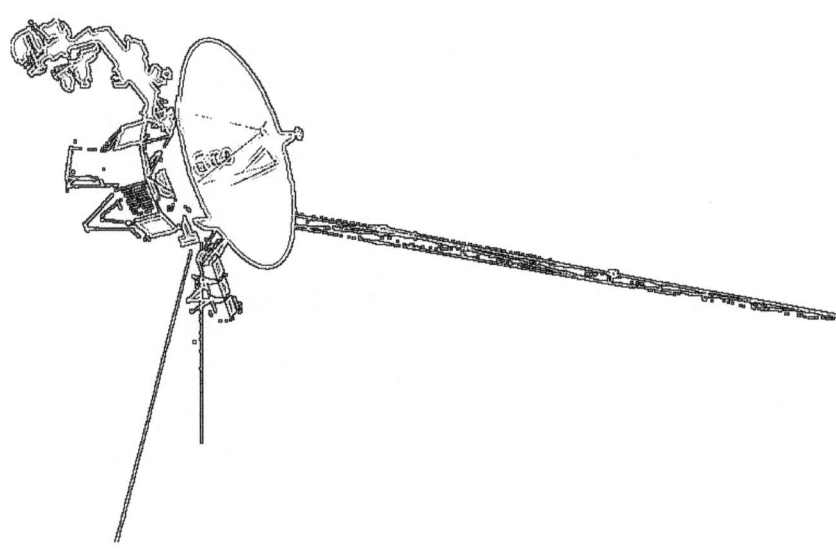

(Saturn 3 / Saturn-City; 1980)

Das Forscherehepaar Alex und Adam lebt zu Forschungszwecken auf einem Mond des Saturns. Sie bekommen Besuch von dem Astronauten Benson, der ihnen einen Roboter namens "Hektor" bringt.

Dieser Roboter ist durch besondere Techniken mit dem Gehirn Bensons verbunden.

Da Benson geistesgestört ist und Alex nachstellt, benimmt sich auch Hektor schon bald sehr seltsam, bis er schließlich durchdreht und alle Menschen angreift.

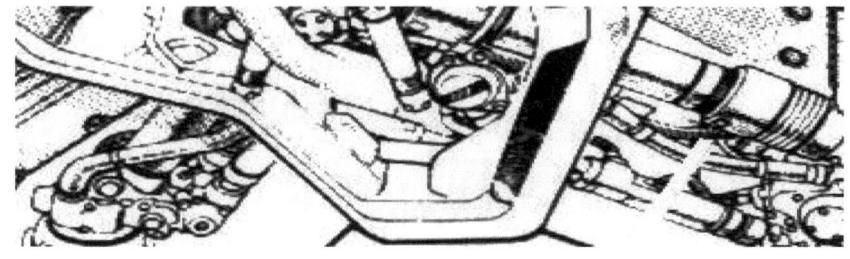

Marvin – der erste depressive Robot

(Hitchikers' guide to the galaxy / Per Anhalter durch die Galaxis; 1980)

Arthur Dent und Ford Prefect, der sich als Außerirdischer entpuppt, treffen Zaphod Beeblebrox, einen Halbcousin von Ford und Präsident der Galaxis, Trillian, die Arthur kurz zuvor auf einer Party in Islington kennengelernt hatte, sowie den manisch depressiven und paranoiden Roboter Marvin.

Marvin hat „ein Gehirn von der Größe eines Planeten" und ist der Prototyp für Roboter EMP, mit „Echtem Menschlichen Persönlichkeitsbild".

Roy Batty - Gefechtsmodell der TYRELL-Corp.

(Blade Runner / Der Blade Runner; 1982)

Roy Batty, Modell Nummer N6MAA10816, ist der Anführer aufständischen Replikanten der Serie Nexus-6. Diese halbsynthetischen Mensch-Maschinen sind auf der Suche nach ihrem Schöpfer, denn sie haben nur noch wenig Zeit zu leben, da sie mit einer auf vier Jahre begrenzten Lebensdauer ausgestattet sind.

Der ehemalige Blade Runner Rick Deckard soll die Replikanten aus dem Verkehr ziehen. Nachdem Deckard Roys Gefährtin, die Replikantin Pris, getötet hat, liefern sich er und Roy einen dramatischen Zweikampf. Roy gewinnt, doch er rettet dem von einem Hochhausdach abrutschenden Deckard das Leben, ehe er selbst stirbt.

Rachel – der Voight-Kampff-Test

(Blade Runner / Der Blade Runner; 1982)

Rachel ist der erste weibliche Androide (Gynoid) der Filmgeschichte. Als Prototyp der Nexus-6 Serie wurden ihr Erinnerungen an eine real nicht existierende eigene Vergangenheit einprogrammiert, so dass sie selbst nicht erkennt, dass Sie ein Androide ist.

Deckard stellt das erst beim Voight-Kampff-Test fest, der misst ob gefühlsmäßig angemessene Antworten auf vorgegebene und bei Menschen Empathie erzeugende Fragen erfolgen.

Max 404 - lernt die Liebe kennen

(Android / Der Android; 1982)

Es ist das Jahr 2036. Nachdem in München ein Roboteraufstand niedergeschlagen wurde, ist es künstlichen Menschen nicht mehr gestattet, auf der Erde zu leben. Dr. Daniel lebt 2036 zusammen mit dem Androiden Max 404 auf einer einsamen Raumstation im Weltall.

Im Verlauf des Films tötet Max seinen Erfinder, wobei sich herausstellt, dass dieser selbst ein Androide ist. Max 404 und der weiblicher Android Cassandra kehren darauf hin als Dr. Daniel und seine Assistentin zur Erde zurück.

MCP - Master Control Program

(Tron; 1982)

Der Zentralcomputer der Computerfirma Encom wird vom Master Control Program (MCP) beherrscht. Was niemand ahnt: Alle Computerprogramme leben als menschenähnliche Wesen in einer vom MCP beherrschten virtuellen Realität.

Flynn wird durch einen Laser digitalisiert und ins Innere des Computers befördert. Er muss als eine Art Gladiator an lebensgefährlichen Spielen teilnehmen. Dort begegnet er auch "Tron", einem von ihm entworfenen Programm, welches das MCP überwachen soll. In einem dramatischen Kampf wird das MCP schließlich deaktiviert.

K.I.T.T. – hol' schon mal den Wagen

(Knight Rider; 1982)

Michael Knights Gefährte beim Kampf für Recht und Gesetz ist der sprechende und mit künstlicher Intelligenz versehene Sportwagen K.I.T.T., ein schwarzer Pontiac Firebird Trans Am, der denken, sprechen und selbst fahren kann. Der Name K.I.T.T. ist ein Akronym und steht für „Knight Industries Two Thousand". Der Knight 2000 ist die Einsatzeinheit der Foundation for Law And Government, kurz FLAG.

Legendäre Funktionen von K.I.T.T. sind der Turbo Boost und der Super Pursuit Mode.

WOPR - War Operation Plan Response

(WarGames / WarGames – Kriegsspiele; 1983)

Die Abschussmechanismen der nordamerikanischen Atomraketen wurden an einen neu entwickelten, lernfähigen Computer mit der Bezeichnung WOPR ("War Operation Plan Response") übergeben.

Zeitgleich hackt sich der computerbegeisterte Schüler David Lightman - wie er glaubt - in das Computersystem eines Spieleherstellers. In Wahrheit hat er mit WOPR Verbindung aufgenommen. Er spielt mit dem System die strategische Simulation "Weltweiter thermonuklearer Krieg". Während David glaubt, dass es sich um ein Spiel handelt, startet WOPR die Vortäuschung eines realen Angriffs durch die Sowjetunion.

Killerspinnen – nichts für Arachnophobiker

(Runaway / Runaway - Spinnen des Todes; 1984)

Sgt. Jack R. Ramsay von der Spezialabteilung für außer Kontrolle geratene Roboter ist auf der Jagd nach Dr. Charles Luther. Dieser hat einen Chip zur Steuerung von mechanischen Roboterspinnen für geheime Exekutionseinsätze entwickelt und verkauft die Waffe an Verbrecher.

Auf einer Hochhaus-Baustelle kommt es zum Showdown; Ramsay überwindet seine Höhenangst und es gelingt ihm, Luthers Killerspinnen auf ihn selbst zu richten.

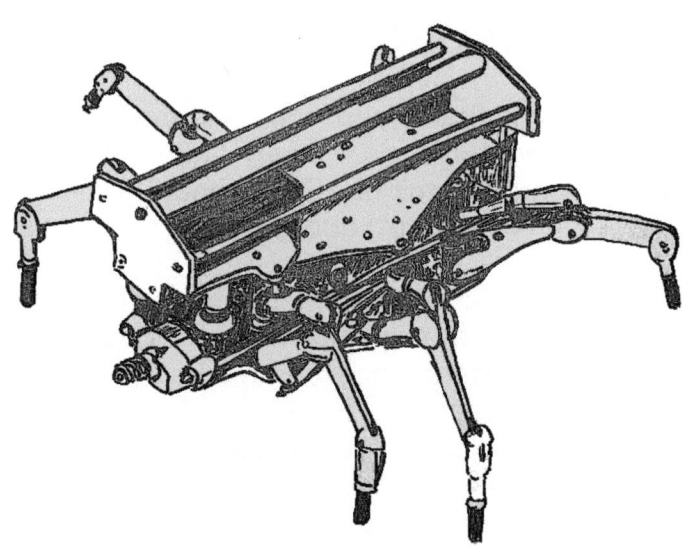

Terminator T 800 - die Menschmaschine

(The Terminator / Terminator; 1984)

Nachdem 1973 der erste Androide der Filmgeschichte in dem Science-Fiction-Western „Western World" aufgetaucht war, kam 1984 mit dem „Terminator" eine noch finsterere Mensch-Maschine auf die Leinwand.

Die zentrale Maschineninstanz Skynet schickt einen Terminator des Typs T-800, Modell 101 aus der Zukunft in das Jahr 1984. Dieser wird wird auf die Mutter von John Connor, Sarah Connor, angesetzt, um sie zu terminieren.

Unter der menschlichen Haut des brachialen Roboters schlummerte ein hoch entwickeltes, metallisches Endoskelett.

Skynet - der Mastermind

(The Terminator / Terminator; 1984)

Das Computersystem Skynet ist die oberste Instanz der ausgesandten Terminatoren, die Tod und Vernichtung in die Welt tragen sollen. Ursprünglich war Skynet als ein militärisches Verteidigungssystem gedacht.

Nachdem es eingeschaltet worden war, erlangte es am 29. August 1997 um 2:14 Uhr ein eigenes Bewusstsein - und erhob sich gegen seine Erschaffer, die Menschen.

Daryl

(D.A.R.Y.L. / D.A.R.Y.L. - Der Außergewöhnliche; 1985)

Das kinderlose Ehepaar Richardson adoptiert den zwölfjährigen Daryl, der nach einem Autounfall sein Gedächtnis verloren hat. Er entwickelt sich zum Supersohn, der die Zieheltern als Hacker reich macht.

Eines Tages erscheinen Daryls wirkliche Eltern, Wissenschaftler, die enthüllen, dass er Roboter aus einem Programm des Pentagon ist, der außerplanmäßig Gefühle entwickelte.

Als die Militärs feststellen, dass ihr Forschungsprojekt, Data Analysing Robot Youth Lifeform, Gefühle wie Liebe, Furcht und Vorliebe für Schokopudding entwickelt, soll eine Liquidierung erfolgen. Das Kriegsministerium, das gefühllose Soldaten braucht, will ihn zerstören. Daryl, auch Rennfahrer und Pilot, entkommt den Militärs.

Johnny 5 - kurzgeschlossen

(Short Circuit / Nummer 5 lebt; 1986)

Der 11 Millionen-Dollar-Militärroboter S-A-I-N-T Nummer 5 der Firma Nova Robotics macht sich selbstständig, nachdem er von einem Blitz getroffen wurde.

Auf seiner Flucht landet Nummer 5 bei der Tierfreundin Stephanie, mit der er sich anfreundet. Nummer 5 entdeckt ständig neue Fähigkeiten an sich und eignet sich in atemberaubendem Tempo Wissen an. Der Roboter überlistet schließlich seine Verfolger, indem er aus Ersatzteilen eine Kopie seiner Selbst baut, die auf der Flucht zerstört wird.

Bishop 341-B - I may be synthetic, but I'm not stupid

(Aliens / Aliens - Die Rückkehr; 1986)

Ripley wird mit einem Trupp Marineinfanteristen, dem Androiden Bishop und Carter Burke an Bord des Truppentransporters Sulaco zum Planeten LV-426 geschickt, um mögliche Überlebende zu retten und die Aliens zu vernichten. Die Figur des Androiden Bishop erfuhr eine Ausführung, die ihn „menschlicher" erscheinen ließ. Im Gegensatz zu seinem Vorgänger Ash ist er ein Teamplayer.

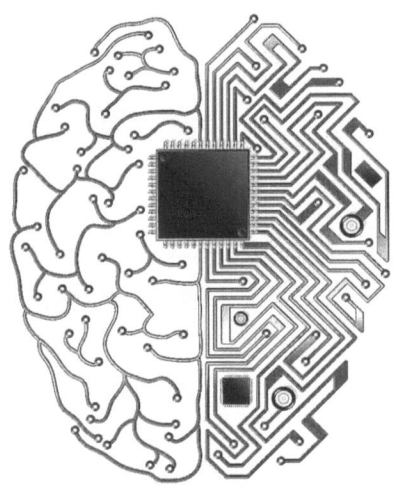

BeeBee

Der tödliche Freund (1986)

Eigentlich ist BeeBee ein hausgebauter, sympathischer Roboter, ein vertraulich wirkendes Wesen, der vom 15-jährigen Paul gebaut wurde.

Aber als dessen junge Freundin von ihrem Vater verprügelt wird und ins Koma fällt, der Roboter dagegen von einer Nachbarin zerstört wird, baut Paul das Gehirn der Maschine in die Leiche ein.

Was folgt ist eine beispielloser Rachefeldzug eines jungen Mädchens mit Roboterhirn.

Schlupp

(Schlupp vom grünen Stern; 1986)

Schlupp ist ein Roboter vom grünen Planeten Balda 7-3, der im Gegensatz zu seinen Artgenossen eine Seele besitzt und deshalb auf die Erde geschossen wird.

Auf dem blauen Planeten erlebt die freundliche Blechbüchse allerlei spannende Abenteuer, muss sich aber auch mit Widersachern herumschlagen. Wie alles aus der Augsburger Puppenkiste ist auch Schlupp absolut kultverdächtig.

Die chaotischen Mini-Ufos

(Batteries Not included / Das Wunder in der 8.Straße; 1987)

Die Bewohner eines alten Hauses in New York werden zum Auszug gezwungen. Sie erhalten unerwartete Hilfe in Form von zwei fliegenden Untertassen, kaum größer als eine Handfläche. Diese helfen den Leuten Widerstand zu leisten. Nachdem das Haus schließlich durch Brandstiftung zerstört wurde, sind es die Mini-Ufos, welche das Haus wieder neu aufbauen.

ED 209 – tödliche Panne

(Robocop; 1987)

Der mächtige Konzern OCP entwickelt unter Federführung von Richard „Dick" Jones den Polizeiroboter ED-209. Bei dessen Präsentation kommt es aber zu einer tödlichen Fehlfunktion, worauf das Konzept des ehrgeizigen Robert Morton den Vorzug bekommt: Ein Cyborg-Polizeibeamter soll die Vorteile von Mensch und Technik miteinander verbinden.

Jones setzt seinen Kampfroboter ED-209 auf RoboCop an, um diesen zu eliminieren.

Alex Murphy - Direktive 4

(Robocop; 1987)

Bei einem Einsatz eigentlich tödlich verletzt, kann Officer Alex J. Murphy nur gerettet werden, indem ihn die Ärzte zu einer Art Cyborg ummontieren. RoboCop ist geboren.

Die Kampfmaschine mit menschlichen Bauteilen dient der Verbrechensbekämpfung, entwickelt jedoch eigene Gedanken und erlangt sein menschliches Gedächtnis wieder.

Data – der sympathische Androide

(Star Trek / Raumschiff Enterprise; 1987)

In der zweiten Staffel von „Raumschiff Enterprise" („Star Trek – The Next Generation") findet sich als Zweiter Offizier auch der Androide „Data" an Bord der U.S.S. Enterprise.

Als künstlicher Mensch kann er zwar weder Gefühle empfinden noch Humor verstehen, trotzdem versucht er immer wieder, durch Imitation menschlicher Eigenarten und Gefühlsregungen, sich wie ein normaler Mensch zu verhalten, was ihm oft etwas unfreiwillig Komisches verleiht.

Ma' ma' ma' max Headrooom

(Max Headroom; 1987)

Max Headroom ist eine Cyberpunk-Science-Fiction-Fernsehserie, die auf der Figur Max Headroom basiert, die 1984 als Ansager für Musikvideos des britischen Channel 4 fungierte. Max Headroom ist ein Hologramm, welches aus den Hirnströmen des nahezu tödlich verunglückten und im Koma liegenden Reporters Edison Carter generiert wird.

Der Name erklärt sich daraus, dass Carter bei seinem Unfall mit dem Kopf gegen eine Schranke mit der Aufschrift MAX. HEADROOM geprallt ist, und dieser Schriftzug das letzte war, was er sah, bevor er ins Koma fiel.

Kryten 2X4B 523P

(Red Dwarf; 1988)

Kryten, mit vollem Namen „Kryten 2X4B-523P", ist ein Roboter-Diener der Reihe 4000; und durchaus neurotisch.

Kryten wurde von Professor Mamet designd und von der DivaDroid International Corporation 2340 produziert.

Eve VIII - ein Robo ist los

(Eve of Destruction / EVE 8 – Außer Kontrolle; 1991)

Strengster Geheimhaltung obliegt die von Dr. Eve Simmons geleitete Entwicklung eines Roboters. Der Androide ist mit dem attraktiven Äußeren seiner Erfinderin ausgestattet und auf militärische Aktionen im Ausland programmiert. Während eines Tests sucht Kampfroboter "Eve 8" das Weite.

Die sexy Robo-Lady gleicht ihrer Schöpferin nicht nur optisch: Sie kennt auch die Ängste und Rachefantasien der Forscherin. "Eve 8" setzt all das nun in blutige Taten um.

Böser Bill & Ted

(Bill & Ted's Bogus Journey / Bill & Ted's verrückte Reise in die Zukunft; 1991)

Bill und Ted sind nicht mehr Bill und Ted! Der böse De Nomolos schickt zwei Roboter-Doubles der beiden Helden in die Vergangenheit, um die echten Bill und Teds um die Ecke zu bringen. Böse Robots aus der Zukunft haben jetzt ihren Platz eingenommen - und die "Echten" ins Jenseits geschickt.

Terminator Series 1000 - Hasta la vista, Baby

(Terminator 2: Judgment Day / Terminator 2 – Tag der Abrechnung; 1991)

Der Gegenspieler des guten Terminators ist ein Nachfolgemodell des T-800, ein T-1000, der den Auftrag hat, John Connor zu töten. Der T-1000 besteht aus flüssigem Metall, kann deshalb seine Form beinahe beliebig verändern und ist somit dem T-800 in entscheidender Weise überlegen.

Er kann die Gestalt jeder Person, mit der er einmal in Berührung gekommen ist, annehmen und außerdem seine Körperteile in Messer und andere Stichwaffen umwandeln. Dieser Terminator wird erst durch ein Bad in einem Hochofen gestoppt.

SID 6.7 – ein virtueller Killer

(Virtuosity; 1995)

Der Informatiker Dr. Darrel Lindenmeyer entwickelt SID 6.7, die Computersimulation eines Verbrechers, die die Persönlichkeiten von 183 Serienmördern berücksichtigt.

Beim Probelauf der Virtuellen Realität stirbt eine der Versuchspersonen, eine andere wird traumatisiert. Die Polizeichefin ordnet an, SID 6.7 auszuschalten. Aber SID 6.7 gelangt im Körper eines Androiden in die reale Welt, wo kurz daraufhin ein Mitarbeiter des Zentrums getötet wird.

7-90 - „Sieben Neunzig"

(Lexx – The Dark Zone / Lexx – Die Serie; 1997)

7-90 ist ein Roboter, ausgestattet mit künstlicher Intelligenz und Überheblichkeit, die nur noch von seiner Begierde nach der Liebessklavin Zev und seinem Zynismus übertroffen wird.

Letzterer ist wohlbegründet: 7-90 besteht nur noch aus seinem Kopf, welcher die eigentlich Zev zugedachte Transformation zur Liebessklavin erhielt. Später wechselt er das Geschlecht und liebt von nun an Kai.

Andrew Martin – der 200-Jährige

(Bicentennial Man / Der 200 Jahre Mann; 1999)

Der 200 Jahre Mann ist ein Zukunfts-Drama aus dem Jahr 1999, basierend auf der Erzählung „Der Zweihundertjährige" von Isaac Asimov.

Andrew, einen Haushaltsroboter mit der Modell-Nr. NDR-114, wird im Jahr 2005 an die Martins, eine obere Mittelklasse-Familie, verkauft.

Ursprünglich als Haushaltsroboter konzipiert, entwickelt Andrew künstlerische Fähigkeiten und nimmt nach und nach menschliche Züge an. In einer 200 Jahre andauernden Odyssee erlangt der Roboter Andrew Gefühle und ein menschliches Aussehen. Nachdem er seinen Körper freiwillig so verändert, dass ein natürlicher Alterungsprozess einsetzt, stirbt er und wird dadurch als Mensch anerkannt.

(The Matrix / Matrix; 1999)

Der Sentinel ist eine autonome Tötungsmaschine und der absolute Erzfeind der Menschen in der Matrix. Beim Sturm auf Xion haben abertausende vielarmige Sentinels die Sturmtruppen gebildet. Die Sentinels attackieren die Nebukadnezar und werden durch einen EMP zerstört.

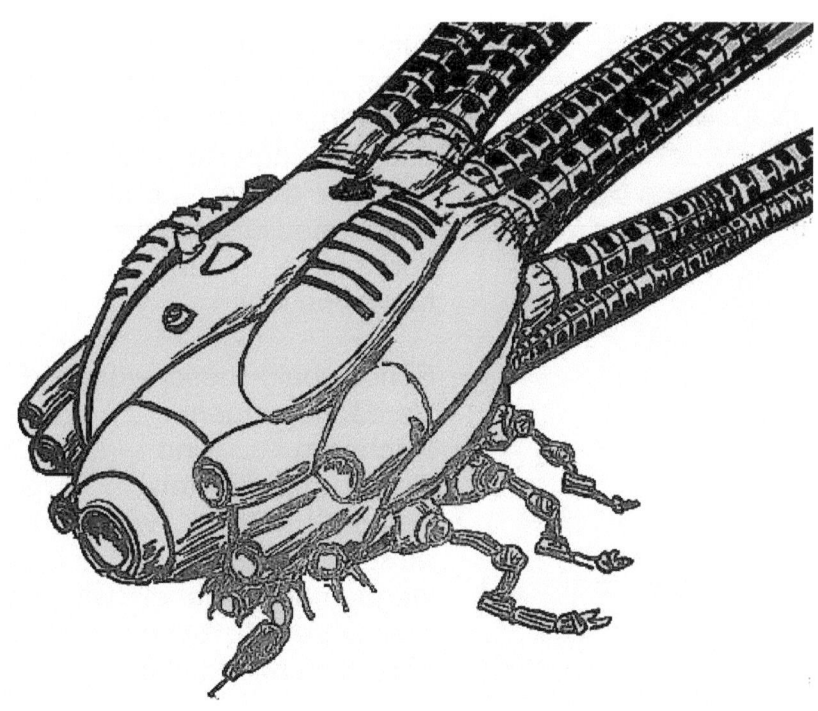

Der eiserne Gigant

(The Iron Giant / Der Gigant aus dem All; 1999)

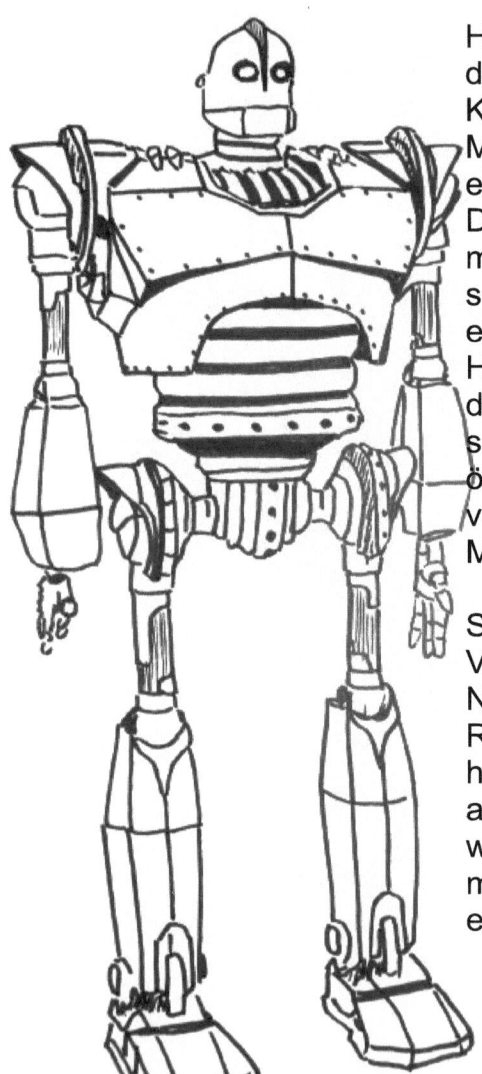

Hogarth, ein kleiner Junge, der während des Kalten Krieges in den Wäldern von Maine lebt, freundet sich mit einem riesigen Roboter an. Der eiserne Gigant ist ein missverstandener Außenseiter, der zum besten Freund eines Kindes wird, und Hogarth tut sein Bestes, um das riesengroße Wesen vor seiner Mutter und dem örtlichen Spinner zu verstecken, der auf der Müllkippe lebt.

Schon bald beschwören die Verdächtigungen der Nachbarn und eines Regierungsagenten Ärger herauf. Der will den außerirdischen Gast wegbomben, dabei will der metallene Riese doch eigentlich nur spielen.

Kampfdroiden - B1

(The Phantom Menace / Star Wars: Episode I - Die Dunkle Bedrohung; 1999)

Die B1-Kampfdroiden wurden von Baktoid Combat Automata für die Handelsföderation entwickelt und gebaut. Diese Kampfdroiden sollten die Schiffe der Handelsföderation vor Piratenüberfällen und anderen gewalttätigen Auseinandersetzungen schützen, da sich die Neimoidianer nicht auf den Schutz der Jedi oder des Senats verlassen wollten.

Bei der Entwicklung der B1-Kampfdroiden verfolgte man vor allem ein Ziel. Man wollte günstige und leicht herzustellende Infanteriedroiden erschaffen. Deswegen verzichtete man auf leistungsfähige Steuerprozessoren, große Programmspeicher, integrierte Waffen und Werkzeuge und sogar auf jegliche Panzerung.

So waren die Droiden am Ende knapp zwei Meter groß, skelettartig und hatten einen schmalen, länglichen Kopf, zwei grobe Greifklauen und einen kastenförmigen Oberkörper auf zwei dünnen Beinen.

Droidekas – die rollende Gefahr

(The Phantom Menace / Star Wars: Episode I - Die Dunkle Bedrohung; 1999)

Droidekas waren eine Kampfdroidenreihe, die auch als Zerstörerdroide bekannt wurde. Erstmals eingesetzt von der Handelsföderation dienten die Droiden neben den B1-Kampfdroiden dem Schutz von Gütern. Teilweise stellte die Handelsföderation die Droidekas auch der Galaktischen Republik zur Verfügung.

Mit dem Ausbruch der Klonkriege im Jahr 22 VSY ging ein Großteil der Droidekas in die Armee der Konföderation unabhängiger System.

Vanessa - der FemBot

(Austin Powers: The Spy Who Shagged Me / Austin Powers – Spion in geheimer Missionarsstellung; 1999)

FemBots, auch Frauboter, sind von Dr. Evil konstruierte, weiblich aussehende Roboter, deren Aufgabe es ist, Austin Powers zu vernichten.

FemBots zeichnen sich durch die Maße 90-60-90 sowie Maschinengewehr-Brustwarzen aus, mit deren Hilfe sie entweder schießen oder ein Betäubungsgas versprühen können.

A.M.E.E.

(Red Planet; 2000)

A.M.E.E., die "Autonomous Mapping Evaluation and Evasion" – Roboter-Drohne ist das mechanische Mitgliede der Marsexpedition.

Beim Absturz wurde der Prozessor der vierbeinigen militärische Erkundungsdrohne erheblich beschädigt. Als die Astronauten sie darauf hin deaktivieren wollen, betrachtet der Roboter sie als Feinde und beginnt damit, einen nach dem anderen zu töten.

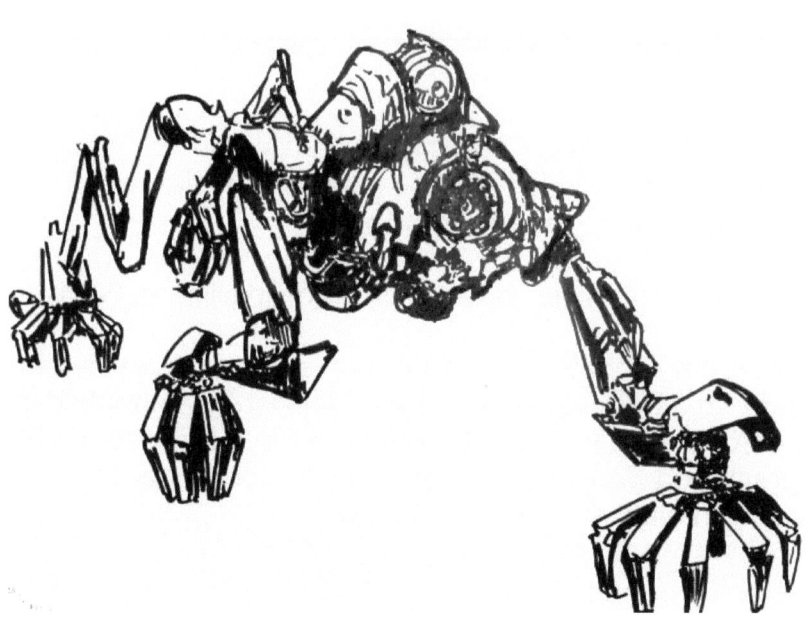

David – der fühlende Kind-Roboter

(A.I. – Artificial Intelligence / Künstliche Intelligenz; 2001)

Dass Menschsein mehr bedeutet als eine perfekte Programmierung, hat Steven Spielberg 2001 in seinem Film „A.I. – Artificial Intelligence" gezeigt.

Um den Ressourcenverbrauch zu begrenzen wurden Lizenzen für Geburten eingeführt. Es gibt inzwischen Roboter, die ein Bewusstsein haben – sogenannte „Mechas". Ein Prototyp einer neuen Serie der Firma Cybertronics ist David. Das äußerlich nicht von einem normalen Kind zu unterscheidende Roboter-Kind David, das sogar echte Gefühle hat, versucht seinen Platz als Mensch in der Gesellschaft zu finden, wird von ihr jedoch wie eine Maschine behandelt.

Gigolo Joe – die „love maschine"

(A.I. – Artificial Intelligence / A.I. Künstliche Intelligenz; 2001)

David, dem Roboterkind, wird auf seiner Odyssee ein „Buddy" zur Seite gestellt. Gigolo Joe ist ein männlicher Liebesroboter, ein "Love Mecha", der auf Liebesdienste programmiert wurde, und der wegen eines angeblichen Mordes an einer Kundin verfolgt wird.

Mechagodzilla der Maschinendrache

(Gojira tai Mekagojira / Godzilla against Mechagodzilla; 2002)

2002 wird ein Mechagodzilla mit dem Codenamen Kiryū, „Maschinendrache" fertiggestellt. Bei einer Präsentation werden der Öffentlichkeit die Funktionen von Kiryū gezeigt, der von drei speziellen Flugzeugen aus ferngesteuert wird. Seine stärkste Waffe ist die Absolute-Zero-Kanone, eine Waffe, die Moleküle so sehr einfriert, dass alles, was es trifft, in sich zusammenfällt.

Bei einer Attacke kann Kiryū den geschwächten Godzilla aufhalten. Er klammert sich an den Saurier, fliegt mit ihm aufs offene Meer, wo Absolute Zero aktiviert wird. Auch Kiryū hat nach dem Kampf schwere Schäden an der Absolute-Zero-Kanone sowie dem linken Arm, der vollständig abgetrennt ist.

Terminator Series X

(Terminator 3: Rise of the Machines / Terminator 3 – Rebellion der Maschinen; 2003)

Auftritt der Terminatrix T-X – der Prototyp des modernsten Anti-Terminator-Terminatormodells, ausgestattet mit furchteinflößender Stärke, integrierten Waffen und mit der Fähigkeit, andere Computer umzuprogrammieren und zu steuern.

Ihr Auftrag lautet, alle wichtigen Offiziere des späteren Widerstands, die den Terminatoren und Skynet gefährlich werden können, auszuschalten. Erst durch eine Explosion einer Brennstoffzelle ist die „Terminatorin" zu stoppen.

Riesige Nazi Roboter mit Totenköpfen

(Sky Captain / Sky Captain and the World of Tomorrow; 2004)

Der mysteriöser Dr. Totenkopf benutzt die gewaltigen, fliegenden Roboter, die bei ihren Angriffen auf Großstädte Technologie und Bauteile stehlen.

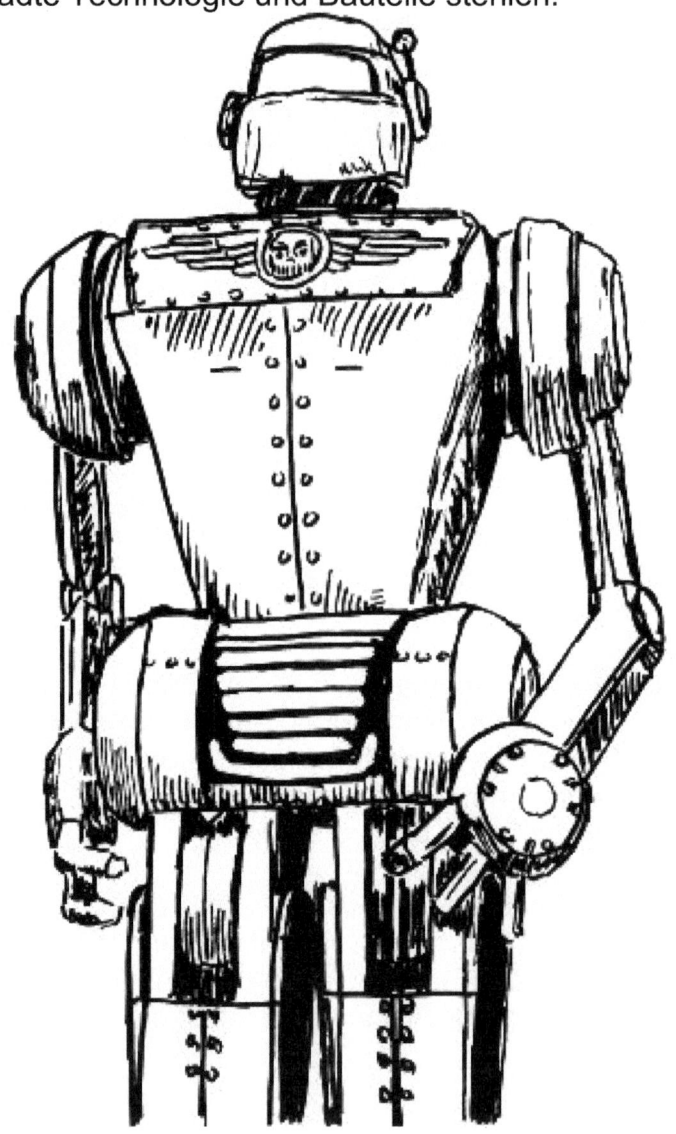

Sonny NS5

(I, Robot; 2004)

Sonny ist ein menschenähnlicher Humanoid, der unter Mordverdacht steht. Ganz im Dienste der drei Gesetze der Robotik will der neu entwickelte Sonny leben, aber die zentrale intelligente Recheneinheit seiner Entwicklungsfirma U.S. Robotics plant, die gesamte Menschheit zu unterwerfen. Also macht er sich mit Hilfe eines Polizisten auf, Menschen wie Robotern zu ihrem Grundrecht auf Individualität zu verhelfen. Sonny ist der glänzende Sunnyboy unter den Blechbüchsen.

Nummer Sechs

(„serie,3" - TV-Serie, USA 2004)

Die weibliche Zylone Nummer Sechs in Ronald D. Moores preisgekrönter Science-Fiction-Serie „serie,3" daherkommen. Da wird nicht nur Doktor Baltar regelmäßig schwach, auch die männlichen Zuschauer betört die sexy Maschinenfrau in jeder Folge aufs Neue.

Rodney und Fender – zwei glorreiche Roboter

(ROBOTS; 2005)

In "Robots" probt der kleine Android Rodney Copperbottom den Aufstand gegen die Bosse eines profitgierigen Großkonzerns. Sie wollen alle Roboter, die nicht mehr dem neuesten technischen Standard entsprechen, zu Altmetall verarbeiten. Wie bei Robotern üblich, wurde in Form eines Bausatzes geliefert und dann von den Eltern individuell zusammengesetzt.

Dabei trifft Rodney auf den roten Fender, einen Roboter auf dem Abstellgleis, der immer droht, auseinander zu fallen und ständig irgendwelche seiner Teile verliert. Fender droht die Schrottpresse, ein Held, der im wahrsten Sinne des Wortes, eine Schraube locker hat.

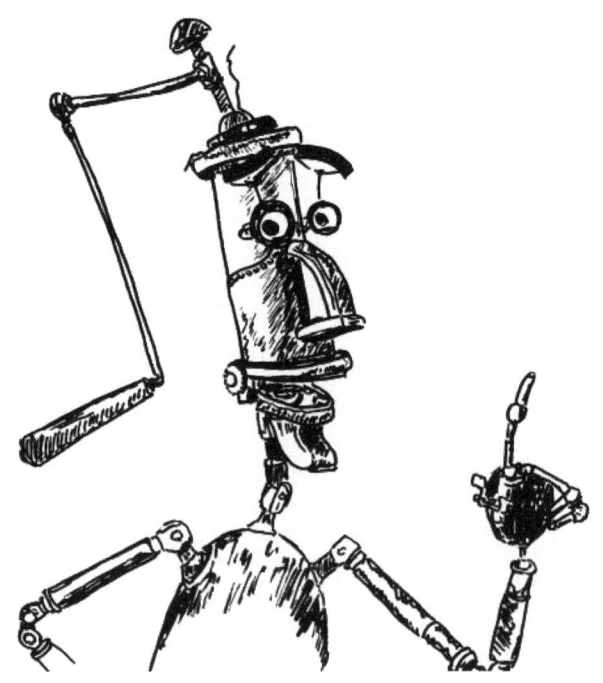

Bender Bieger Rodriguez

(Futurama: Bender's Big Score; 2007)

„Du kannst mich an meinem blanken Metallarsch lecken!"

Frys bester Freund und Mitbewohner ist Bender, ein humanoider Roboter vom Typ Bending Unit 22. Er wurde um 2998 von Mom's Friendly Robot Company im mexikanischen Tijuana gebaut und trägt die Produktionsnummer 1729. In seinem Gehirn arbeitet eine 6502-CPU von MOS Technology.

Ursprünglich zum Biegen von Stahlträgern gebaut, führt er ein egozentrisches und nach menschlichen Maßstäben lasterhaftes Leben:

Er flucht, trinkt, raucht Zigarren, ist faul, mag das Glücksspiel, konsumiert Roboter-Pornografie und besucht Roboter-Prostituierte.

Als Kleptomane bestiehlt er sogar seine Freunde.

Optimus Prime & Bumblebee

(Transformers / Transformers; 2007)

Optimus Prime ist der Anführer der Autobots, Freiheit ist für ihn ein Grundrecht. Er ist gigantisch, kann sich von einem Peterbilt 379 in einen Roboter verwandeln. Mit seinen Gefährten Bumblebee, Jazz, Ironhide und Ratchet, die ebenfalls über diverse Verwandlungskünste verfügen, muss er gegen die Decepticons kämpfen, die die Welt unter ihre Herrschaft bringen wollen.

Bumblebee, ursprünglich als Vorhut der Autobots zur Erde geschickt, agiert während des Films als Sams Beschützer. Aufgrund einer Kampfverletzung kann er die meiste Zeit über nicht sprechen, sondern kommuniziert über sein Autoradio. Er verwandelt sich im Film in einen Chevrolet Camaro.

(Portal; 2007)

GLaDOS, das "Genetic Lifeform and Disk Operating System", ist der künstlich intelligente Hauptrechner der Aperture-Science-Forschungseinrichtungen aus dem Computerspiel "Portal", der das gesamte Enrichment Center steuert.

GLaDOS verfügt neben einer weiblichen Computerstimme leider über eine gespaltene Persönlichkeit und schneidenden Sarkasmus.

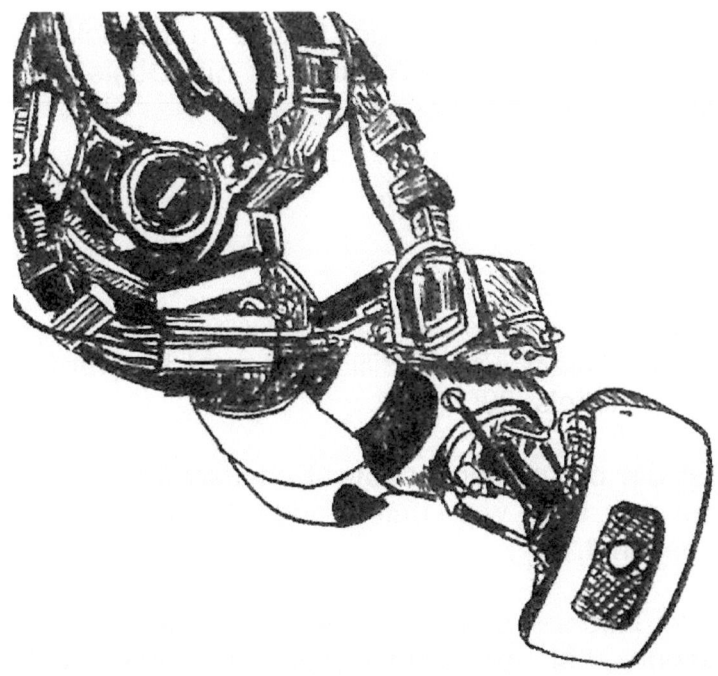

Hero Robot No. 1 & Hero Robot No. 2

(Daft Punk's Electroma / Electroma; 2007)

Der Film handelt von zwei Robotern, "Hero Robot No. 1" und "Hero Robot No. 2", die Menschen werden wollen.

Sie fahren in einem schwarzen Ferrari 412 durch die amerikanische Wüste. In einem geheimnisvollen, strahlend weiß gehaltenen Labor unterziehen sie sich einer Operation. Mit fratzenhaft künstlichen Menschenmasken kehren sie zurück in die Robot-Society, werden von der Bevölkerung aber verjagt.

Als die Masken unter der Hitze der Sonne zu schmelzen beginnen, ziehen sich beide Roboter in die Ödnis der Wüste zurück.

Calculon

(Futurama: The Beast with a Billion Backs / Futurama: Die Ära des Tentakels; 2008)

Calculon ist ein berühmter Roboter-Schauspieler. Er ist 1000 Jahre alt und war unter anderem als David Duchovny bekannt.

Er ist Star der Roboter-Soap „Alle meine Stromkreise". In einer Episode hat er eine Beziehung mit dem geschlechtsumgewandelten Bender.

Wall°E "Waste Allocation Load Lifter – Earth-Class"

(Wall°E / Wall°E - Der Letzte räumt die Erde auf; 2008)

In einer fernen Zukunft haben die Menschen die Erde verlassen, da diese durch Umweltverschmutzung und Vermüllung unbewohnbar geworden ist.

Ein Heer von Müllrobotern des Typs WALL-E wurde zurückgelassen, um aufzuräumen. Eigentlich war für diese Aktion ein Zeitraum von fünf Jahren angesetzt, doch nun im Jahre 2815, nach 700 Jahren des Müllsammelns und der Müllverarbeitung, ist der Protagonist WALL-E der einzige noch funktionsfähige dieser Aufräumroboter.

Eines Tages findet WALL-E in einem versteckten Winkel ein kleines Pflänzchen vor und nimmt dieses in seine Sammlung auf. Als später ein Raumschiff auf der Erde landet, lernt er den Roboter EVE kennen und verliebt sich in sie.